AF338753

TRES-HVMBLE
REMONSTRANCE
FAITE A LA REYNE.

Par le R. P. F. Y v e s de Paris Capucin.

M. DC. XLIV.

A LA REYNE.

MADAME,

Les felicitez publicques que l'on
s'est promis de vostre Regence ne seroient pas en-
tieres, & vos Bontez qui on desia fait vne profusió
de graces ne seroient pas encore assez Heroïques,
si elles n'estoient Sainctes, iusques à donner du se-
cours aux pressantes necessitez de l'Eglise. VOSTRE
MAIESTE' sent bien interieurement que Dieu
luy demande ses Premices du pouuoir qu'il luy a
mis entre les mains, & que des premieres annéds de
vostre Gouuernement, il veut que l'Auctorité
qu'il vous a donnée, trauaille à la Deffence de ses
Autels, pour meriter tout ce qu'il vous prepare de
Benediction.

Il ne faut point pour cela leuer des Armées, es-
quipper des Flottes, ny passer les Mers. Paris four-
nit à cette heure vn ample suiect à vostre Zele par

A

les nouueautez qui s'y publient, dedans les chaires
& dans le liure de la F R E Q V E N T E C O M M V-
N I O N ; S I V O S T R E M A I E S T E' prend la
peine d'en voir vn fidel extraict, sans le desguise-
ment que l'on luy apporte, & d'attendre la rela-
tion que luy en peuuent faire les personnes des-in-
teressez, elle iettera des larmes sur les malheurs
qui peuuent naistre de ses sentiments si contraires
à la pieté du Christianisme, au repos de l'Eglise &
de son Estat: cependant c'est vne merueille de voir
le cõcours des esprits qui se declarẽt pour ce party,
soit par interests de famille, ou de professiõ, soit que
ces nouueautez, se rencontrent fauorables à leurs
inquietudes, soit que de long-temps on les y ait
disposées par des secrettes intelligences. Que ce Liure soit le signal de l'Assaut, & que cette coniura-
tion se soit proposée d'imiter le feu des Mines qui
n'esclate qu'apres auoir pris à tant de matieres,
qu'on ne le peut plus esteindre.

Ie ne veux faire aucun iugement de leurs in-
tentiõs, car quel esprit si determiné qui se voudroit porter tout ouuertement au mal? Ils preten-
dent, disent ils, de mettre l'Eglise dans le lustre &
dans la discipline qu'elle auoit en ses premiers siecles: mais, helas! nous voyons encore des ennemis
de nostre Foy qui auoient les mesmes mains parri-
cides & sacrileges qui ont mis leur patrie à feu & à

fang , qui ont brifez nos Autels, & prophanez nos
Mysteres, viuent encore foubz vne profef-
fion de reformation.

MADAME Vostre Maiete' fçait
bien que les loix de la Religion Chreftienne font
celles de Dieu , par confequent inuiolables , d'autant qu'elles ne font pas du reffort de l'efprit humain, qu'on doit vne extreme deference à la fou-
ueraine fageffe qui les a données, & qu'elles font
les fondements du falut des ames,& du bon-heur
des Eftats,que l'on ne doit pas remuer la Religion,
& mefmes entre les chofes ciuiles;comme le cœur,
qui eftant bleffé caufe ces mortelles conuulfions
que nous voyons à cette heure chez nos voifins,&
dont nous ne fommes pas encore bien gueris,à peine fommes nous au port deuant qu'eftre effuié du
naufrage, qu'on nous veut reietter dans le peril,
on nous rappelle au combat deuant que nos playes
foyent refermées, & que nous foyons en eftat de
conualefcéce, certes apres auoir fait de fi lamenta-
bles efpreuues des mal-heurs qui trainét apres foy
les nouueautez en matiere de Religion, elles ne
nous doiuent pas feulement eftre fufpectes,mais
abominables, & leur premiere denonciation eft
vne alliâce qui doit fouleuer les deux puiffances de
l'Eftat & de l'Eglife pour en empefcher le cours.

N'eft ce pas tout hautement publier la honte de

4

l'Eglife, & offencer IESVS-CHRIST en fon Ef-
poufe, de nous la defcrire corrópuë en fes mœurs,
en fes Sacremens, en fa Doctrine, ce n'eft plus cette veritable Eglife où doit refider l'efprit d'vnion
& de verité, fi elle n'eft pas infaillible, fi on la croit
fuiette aux erreurs, on ne donnera plus de creance
à pas vne de fes articles, pour ny eftre plus trompé.
Que fi les infirmitez de la nature font gliffer quelque relafche en fa difcipline, cela doit eftre couuert aux yeux du peuple, & c'eft vn mal important,
où le remede doit eftre appliqué non pas felon la
fantaifie du particulier, mais par les lumieres &
l'authorité que le fainct Siege ou les Conciles re-
çoiuent pour ce grand effect du Sainct Efprit, l'on
entend en fecret les aduis qui decouurent les de-
fordres de l'Eftat, & les moyens de fon reftabliffe-
ment; mais la malice feroit punie comme feditieu-
fe, qui en feroit vn denombrement deuant le peuple, d'autant que cette publication ne peut gue-
res, & peut accroiftre le mal par des murmures,
des auerfions, & des reuoltes contre les puiffances.
  Quel effet peuuent auoir ces nouuelles opinions,
qui bleffent l'integrité de l'Eglife ? finon d'affoi-
blir ce qu'on luy doit de creance, ietter le doubte
& l'inquietude dans les efprits, au lieu des tran-
quilles lumieres de la Foy, mettre les paffions en
liberté & faire fouffrir à l'Eftat tous les dangereux

reux simptomes d'vne Religion malade.

Ie ne doute point que VOSTRE MAIESTE ne soit touchée d'vne sensible douleur, quand elle verra comme ie luy representeray, les dégats que ces nouuelles opinions font dessus les ames, & ie me figure que son zele tout surpris, & tres iustement irrité par ce prodige d'erreurs, promet aussi tost au Ciel d'en faire vne solennelle vengeance. MADAME l'attrition est vne douleur d'auoir offencé Dieu que l'on conçoit en veüe des peines dont il punit les pechez, & des recompences qui couronnent les vertus; l'Eglise a tousiours tenu que ce regret suffit pour meriter l'abolition & la grace au Sacrement de Penitence, parce que c'est vn Sacrement de misericorde, qui supplee au default de nostre dilection, & qui soulage la foiblesse de nostre nature tellement attachée a ses interests que son amour est quasi tousiours meslé de la crainte & de l'esperace: & en effect IESVS-CHRIST estant le Maistre de la perfection, & l'Autheur de nostre salut, ne nous eust pas donné ses Commandements, auec ces deux motifs, s'il n'eust estably dans son Eglise vn Sacrement, qui eust couuert, ce que nos œuures ainsi faictes, ont de moins pur, & qui les eust rendu meritoires de la grace. Neantmoins cette nouuelle Doctrine, dont on faict plainte, publie que pour obtenir la remission des pechés, il faut neceſſairement auoir la contrition, c'eſt àdire vne douleur d'auoir offencé Dieu, & vn regret ſeulement en veuë de ſes ſouueraines per-fections, à qui nous debuions rendre vne ſou-ueraine obeiſſance. Cela eſt fort eminent; mais helas! qui eſt l'ame ſi épurée de tous les ſentimens naturels, qui puiſſe produire en tout temps cet acte de pur amour, & qui ſe puiſſe aſſeurer de l'a-uoir produict dans ce preſque imperceptible meſ-lange qui ſe fait de noſtre amour propre, de nos mouuements ſenſitifs auec les actes plus releués de noſtre raiſon ? ſi à tous momens nous ſommes dans le peril de la mort & du peché, & que par-my les obſcuritez qu'ont les lumieres de la Foy, parmy les foibleſſes inſeparables de noſtre nature, nous ne ſommes pas touſiours diſpoſés à produire cet acte de pur amour, il ne ſera pas vn remede pro-pre aux acceés ordinaires de noſtre mal, ſi noſtre ſa-lut dépend d'vne veritable contrition qui eſt ſi ra-re & ſi difficile, voila les ames qui ont de la foy dãs le deſeſpoir, les autres ſecoüeront ce ioug inſu-portable pour trouuer leur tranquillité, dans les ſentimens des libertins.

Suppoſé que la contrition ſoit neceſſaire cõme le tiennent ces nouuelles oppinions, beaucoup de Chreſtiens ne frequenteront plus le Sacrement de Penitence, car s'il ſe ſentent n'auoir pas la contritió, ils ſçauent que le Sacrement ne leur confererâ pas la grace, & leur deuiendroit inutil ; s'ils ont la côtrition il leur paroiſt encore inutil, d'autant que la contrition a d'elle meſme la forced'obtenir la remiſſion du peché, ainſi ils ſe diſpenſeront bien toſt d'aller au Preſtre comme au Medecin , apres auoir pris la ſanté ſans ſon aſſiſtance: & celuy à qui Dieu luy meſme ouuriroit les portes du Ciel, auroit peine de recourir aux Clefs de ſainct Pierre.

Auſſi leur ſecóde opinion qui n'eſt qu'vne conſequence de la premiere, tient qu'au Sacrement de Penitence le Preſtre ne remet pas le peché, mais qu'il declare ſeulement que Dieu la remis, & de ſa part en impoſe la penitence. Il faut icy conſiderer que le Preſtre n'a pas la veuë de mô interieur, pour reconnoiſtre ſi i'ay produict cette acte de contrition, il n'a pas auſſi l'entrée dâs les conſeils de Dieu, ny n'en a pas de reuelations, pour ſçauoir s'il donne la grace, comment donc en peut-il prononcer l'arreſt, & qu'elle creance luy peut on auoir, quand il ſe meſle de declarer ce qu'il ignore, on ne decouuriroit plus les ſecrets de ſa conſcience dans la confeſſion pour vn effect ſi peu raiſonnable : & puis pourquoy s'accuſer de ſes fautes deuant vn Preſtre qui n'en ſeroit pas le Iuge, ſi l'affaire de l'abolition ne ſe traittoit que deuant les yeux de Dieu , qui voyent la contrition dans le fond de l'ame, & ſi la

grace ſe deuoit obtenir immediatement de ſa bonté : ſans plus deſguiſer l'affaire, il s'enſuit ſelon la
nouuelle opinion, que la Cófeſſion n'eſt pas vn Sacrement puis qu'elle declare ſeulement, & ne con-
fere par la grace, ainſi en leur conte l'Egliſe s'eſt
abuſée qui l'a miſe iuſques à cette heure entre les
Sacremés, de la l'on iuge que les Autheurs de cette Secte veulent abolir entierement la Confeſſion
quand ils nous la repreſentent d'vn effect ſi foible,
ſi peu probable, & d'vne conſequence ſi legere.
Que s'il l'admettent, ils veulent que la penitence
en ſoit publicque comme celles qui ſe faiſoient an-
ciennement pour les pechés dont le ſçandale & les
dommages eſtoient publics, affin de diſpoſer
les Chreſtiens en cette rigueur. Ils ont deſia la pra-
tique de remettre pluſieurs fois vn Penitent, pour
mieux iuger à ce qu'ils diſent, s'il eſt veritablemét
contrit, & puis luy faire accomplir ſes penitences,
l'entendre encore ſur la maniere dont il s'eſt ac-
quitté deuant que de luy donner l'abſolution.

V oila des procedures bien eſtranges & bien ri-
goureuſes en vn Sacrement de miſericorde, que
l'Egliſe a touſiours taché d'addoucir pour n'en
point effaroucher les eſprits, chacun fait l'eſpreuue
qui faict rendre d'eſtranges combats contre la nature pour agir cótre ſoy meſme, pour ſe rendre de-
nonciateur de ſa propre faute, & d'en informer vn
eſprit

esprit dont on seroit bien ayse de se conseruer l'e-
stime quelque resignation & quelques habitudes
qu'on ait prises, on trouue tousiours de grandes
difficultez d'exposer deuant vn homme vne conscience qui n'est penetrable qu'aux yeux de Dieu.
Quoy que cela se fasse soubz vn secret inuiolable
deuant vne personne choisie d'vne prudence &
d'vne probité sans reproche. Le moyen dóc qu'on
puisse se resoudre à descouurir ses pechez, & les
desordres de sa vie deuant vn peuple par vne penitence publicque qui en donneroit les coniectures,
où est celuy qui voudroit s'attacher vne notte
eternelle d'infamie dessus le front, qui voudroit
perdre son honneur, ses emplois, sa fortune, sa
posterité, peut-estre sa vie & celle des autres pour
receuoir vne absolution ? C'est à dire selon la nouuelle Doctrine, la declaration que le peché est par-
donné de Dieu, ensuitte de la contritió: & qui voudroit acheter si cherement cette declaration d'vn
esprit humain, dont le iugement n'est pas infaillible, s'il va dans les ressorts, & qu'il veuille signif-
fier des arrests de la Iustice Diuine.

Quand la moitié des hommes seroient Prestres,
ils ne suffiroient pas aux confessions, s'il les falloit
faire selon les pratiques & les delais qu'on veut
establir, encore leur faudroit il vne calomnie d'vn
nouueau peuple impeccable pour leur fournir tous

les iours des ſubſtituts, quand ils ſeroient eux meſ-
mes aux nombre des Penitents.

Toutes les Egliſes, toutes les rües, meſme toutes les places d'vne ville ſeroient occuppées aux
ſpectacles des Penitences publicques, il ſeroit à
craindre qu'en fin l'on ne ſe fiſt vne mode de pechés par le grand concours de toutes les qualitez
de perſonnes qui les commettent, que l'effronte-
rie, l'impenitence, la vanité meſme ne ſuccedaſ-
ſent à la hôte, aux regrets & à l'horreur que l'on en
conçoit quand ils ſont cachez : ie n'oſerois icy re-
preſenter les abus qui naiſtroient de tenir ſi long
temps vne perſonne en attéte de l'abſolution, d'ap-
priuoiſer ainſi des offences dont les plusgrands de-
ſordres ſont empeſchés par la honte, de tenir plu-
ſeurs iours & pluſieurs mois à ſa diſcretion, &
comme à la chaiſne, les conſciences, apres auoir
ſçeu leurs ſecrets, de changer le Sacrement de grace en vne inſupportable tyrannie.

Ce ne ſont point des confeſſions où il ne ſe donne point d'abſolution, mais les entretiens familiers
des confidences extremement perilleuſes, entre
des perſonnes qui s'y trouuoient auoir de grandes
attachés ou des cures tres cruelles, comme elles ſeroient longues, auec des playes continuellement
renouuellées en ces ames, qui ne demanderoient
autre choſe que la gueriſon de leur mal pendant

ſes remiſes de l'abſolutió, on prendroit petit à petit
vne habitude de s'en paſſer, on s'aſſeureroit contre
les remords de la conſcience, contre la crainte des
Iugemens de Dieu, & les pechez qui n'auroient
pas leurs deſcharges ordinaires, on en verroit nai-
ſtre d'eſtranges corruptions, il s'en feroit vn
grand endurciſſement qui ſeroit vn grand ob-
ſtacle aux effuſions de la grace, ce mal enuieilly
ſeroit incurable, & ſe termineroit en fin par vne
meſcreance, ou par vn deſeſpoir: ainſi ſes remiſes
qu'on nous veut faire paſſer pour des reſpects que
l'on porte aux Sacremens en ſont des meſpris plus
dangereux de ce qu'ils ſe tiennent couuerts. Ce
ſont en effect des refus officieux, des retraittes que
l'on en fait en monſtrant au viſage, l'on s'en eſloi-
gne auec beaucoup de ceremonies, & l'on trahit
encore le Fils de Dieu par vn malheureux attentat,
de tout cela il eſt bien facile de iuger que la nouuelle Doctrine veut traitter les Penitens auec tant
de rigueur qu'ils ſe rebutent de la Confeſſion, &
qu'elle la veut entieremét abolir quand elle la met
auec des conditions ſi fortes, impertinentes, &
impoſſibles, mais ne ſeroit ce pas nous dégoûter
tout a fait du Chriſtianiſme, quand on nous pro-
poſe d'y perdre la liberté des enfans de Dieu ſoubz
vn ioug incomparablement plus peſant que celuy
des Iuifs?

Ie ne sçay si c'est par quelque reste de conscience que ceux qui ostent la Confession demandent ensuitte que l'on s'abstienne de la frequente Communion, car s'en approcher souuent sans estre puriffiee se seroit multiplier ses crimes & ses anathemes. L'Eglise qui rend vne souueraine veneratió à cet Auguste Mystere, a tousiours instruict les Chrestiens d'y apporter toutes les preparations à toutes les integritez possibles. Elle ordonne pour cet effect les Confessions precedentes où l'on ne donne l'absolution qu'à ceux qui tesmoignent de la douleur du passé, & qui promettent vn amandement de vie pour l'aduenir.

Apres ces preparations elle conseille de nous approcher auec humilité de ce diuin Sacrement que Iesus-Christ a tout expres institué soubz les especes de pain & de vin, pour nous enseigner le frequent vsage: le moyen d'auoir la santé de l'ame, si on luy oste les forces? & d'où luy peuuent venir les forces que de cette diuine nourriture qui nous est donnée pour cet effet? les Saincts l'appellent le Pain des Anges, parce que son frequent vsage fait que nous iouïssons icy de Dieu soubz les ombres du Sacrement, comme les biens Heureux en ont vne continuelle possession dans les lumieres de la gloire.

Cet artifice incomparable de la misericorde de Dieu

Dieu ʃelon Sainct Chriʃoʃtome nous Incorpore
aucunement à Ieʃus-Chriʃt par vne vnió qui nous
doibt eʃtre autant qu'il ʃe peut frequenté, comme
celle qu'il a faite auec noʃtre nature luy eʃt continuelle. C'eʃt le grand effect de ʃon amour, l'ab-
bregé de toutes ʃes miʃericordes, qui ne veulent
point les longues remiʃes, & qu'ils ʃouffrent par ce
qu'elleʃʃoulagét nos infirmitez. Ainʃi les premiers
Chreʃtiens auoient l'vʃage de l'Euchariʃtie ʃi frequent qu'ils la tenoient en leurs maiʃons, qu'ils la
donnoient aux enfans, & qu'ils s'en faiʃʃoient vn
Antidote parmy toutes les violences, & les conta-
gions du Paganiʃme. I'aduouë qu'il faut s'en approcher auec tout ce que l'on peut de pureté, mais
ʃi ʃelon les nouuelles opinions, l'on ne peut auoir
la remiʃʃion de ʃes pechés que par la contrition, &
que la contrition ʃoit vn acte ʃi ʃubtil & ʃi difficile à quelques eʃprits populaires ou mondains que
pluʃieurs n'en ont iamais produit vn acte en toute
leur vie, les voila tous exclus de la Communion, &
voila l'eclipʃe de ce Soleil dans l'Egliʃe.

La Foy nous enʃeigne que la Meʃʃe eʃt vn ʃacri-
crifice de propitiation deuant Dieu qui ʃatisfait,
qui appaiʃe ʃa Iuʃtice diuine contre les pecheurs,
qui attire ʃes miʃericordes deʃʃus le monde quand
il luy preʃente ces merites infinis de ʃon Fils à qui
rien ne peut eʃtre refuʃé. Les Prophetes ont predit,

& l'Apoſtre nous apprend que ce Sacrifice doit eſtre continuel, par ce que c'eſt l'exercice du Sacerdoce Eternel de Ieſus‑Chriſt qui ne ſouffre point d'intermiſſion. C'eſt vn hommage qu'on doit touſiours rendre à la bonté, & à la ſageſſe de Dieu qui a pris cet efficace moyen de la Paſſion de Ieſus‑Chriſt pour ſauuer le monde. C'eſt cette pure offrande qui ſans ceſſe ſe doit preſenter pour les beſoins, pour les demerites des fidelles & pour le ſoulagement des ames qui ſont tous les iours enleuées des corps. C'eſt ce qui anime la deuotion, ce qui entretient les eſperances, & ce qui conſole les douleurs des Chreſtiens.

Auſſi quand le Fils de Dieu commande aux Preſtres en la perſonne des Apoſtres de faire cela en ſa memoire, il teſmoigne aſſez que comme le ſouuenir de la Paſſion doit eſtre continuel, qu'auſſi le ſacrifice qui la repreſente, & qui en donne les graces nedoit point eſtre differé. Que c'eſt vn effet de ſes miſericordes & de nos reconoiſſances qu'on doit entretenir dans l'Egliſe auec plus de ſoin que l'Ancien feu ſacré dans les Temples.

Or ſi l'on condamne la frequente Communion à cauſe de l'infirmité de ceux qui s'en approchent, il s'enſuit de là que les Preſtres qui ſont homme, & par conſequent pecheurs, qui peuuent ſouuent ſe ſallir cóme l'eau en lauant les autres, qui neant‑

moins comme Sacrificateurs doibuent estre dans vne plus eminente integrité, se doibuent souuent abstenir de dire la Messe. Cela estant, voila les desseins misericordieux de Iesus - Christ renuersez, voila son Corps mystique qui souffre l'obstruction de l'esprit de grace d'où depend sa vie, voila nos Eglises desertes, la deuotion des peuples alentie, toutes les prieres qui s'y font, toutes les saintes propositions qui s'y forment toutes les graces qui meritent, & qui reçoiuét en ce diuin Sacrement, arrestez, & voila nos Temples aussi desolés dans la plus haute paix du Christianisme qui furent au temps des plus chaudes persecutions. Celles qui vsurpent les reuenus de l'Eglise, qui renuersent ses Autels, qui prophanent ses Mysteres, & dont les dégats sont seulement à l'exterieur, nous sont moins à craindre qu'vne secte, qui oste au Sacerdoce la puissance de delier les pechez, & la volonté de presenter ses sacrifices, qui oste au peuple le moyen de se purifier de ses offences & de croistre en grace, en vn mot qui iette le venin couuert du libertinage dedans les ames.

MADAME les Heretiques font des trophées de ses nouuelles Doctrines, qui ostent comme eux la Confession du nombre des sept Sacremens, ils prennent ces delais pretendus en l'vsage de l'Eucharistie comme des compositions que l'on veut

faire sur ce sujet auec eux , & fondent tous les pre-
sages de nostre prochaine ruine sur la diuision de
nos Docteurs , les libertins se tiennent immobiles
en leurs sentimens entre cette égale force de raison
contraire. Ils se pensent par là bien iustiffier en leur
creance que tout consiste en opinion en attendant
que celle qu'on a nouuellement publiée soit bien
establie pour la faire suiure d'vne multitude d'autres plus pernicieuses , les ennemis de l'Estat
forment desia des desseins de brouilleries sur la diuision que cette dispute iette dans les esprits , ils
croyent auoir en main les mesmes semences qui
ont produit les desordres de l'Allemagne, de l'An-
gleterre, & de la Hollande. MADAME per-
mettez moy de dire vne parole de liberté , ils se fi-
gurent d'auoir bien pris le temps de vostre Regence pour faire passer ses fausses Doctrines deuant
des yeux qui croyent trop foibles pour le reconoi-
stre, & sous vn bras qu'ils n'estiment pas assez fort
pour les empescher. Mais ils ne sçauent pas que
vos lumieres & vos puissances viennent de Dieu,
& qu'elles se font principalement paroistre en ce
qui regarde les interests de sa gloire.

Ainsi ce pendant que vostre MAIESTÉ trauaille pour disposer les affaires à la paix , d'où depend la felicité des peuples , ce pendant qu'elle est
au pieds des Autels , & qu'elle veut accompagner

ses

ses prieres d'vne deuotion publicque, afin qu'elle soit plus efficace pour attirer les graces de Dieu sur l'Eftat, voila quel'on diuife les efprits, & que l'on arrefte les exercices de pieté par de nouuelles Doctrines.

Il eft vray que felon l'eftat de ce monde, où il n'y a point de perfection fans quelque defaut, il fe peut glifler quelque abus parmy le frequent vfage des Sacremens, mais ils font fi rares & fi petits qu'ils ne font pas cófiderables aupres des infignes vtilités qui en procedent; les facrileges font rares comme les monftres, & pour vn qui manque de foy, vingt milles autres quittent leurs pechés, aumoins quelque temps deuant & apres auoir receu ce Sacrement par vn fainct refpect qu'ils luy portent. Dans ces innocentes interualles qui les remettent en graces, ils meritent les fecours qui les y maintiennent, & font dire des prieres efficaces pour les felicités de l'Eftat. Que l'opinion eft donc cruelle qui veut ofter ces falutaires interualles à nos maladies, & diuertir fes fauorables influ-ences de noftre Royaume.

VOSTRE MAIESTE' ne connoiftra iamais parfaictement qu'au Ciel, les graces qui luy ont efté données, les mal-heurs dont fa perfonne & l'Eftat font affranchis par le frequent vfage des Sacremens: Combien d'ignorances efclaircies, de paſſions appaiſées, de mauuais courages amolis, de partis rompus, de r b lions de perfidies, de parricid es empeſchés par les ſages conſeils d'vn Confeſſeur.

Le peuple qui voit emporter les fruicts de ſes trauaux, pour ſatisfaire aux fruicts neceſſaires de la guerre , n'a que cette ſeule conſolation de deſcharger ſes plus ſecrettes douleurs à l'oreille d'vn Confeſſeur : il ſort de là auec vn plus grand meſpris des choſes du monde, auec de plus gene‑ reuſes reſignations aux ſouffrances, & aux vo‑ lontez de ſon Prince, qu'il prend pour celle de Dieu ; il y a long‑temps que les Saincts trauail‑ lent à mettre entre les Chreſtiens en deuotes ha‑ bitudes de frequenter les Sacremens, parce que ce ſont des threſors de graces, d'où ils tirent du ſoulagement contre toutes les miſeres de la vie, c'eſt où leur ame prend la trempe d'vne eſſentielle probité, ſans laquelle les loix auec tout ce qu'elles ont de menaces ſeroient trop foibles pour main‑ tenir les hommes en leur deuoir. Auiourd'huy l'on voit vne nouuelle Doctrine qui deffend l'v‑ ſage des Sacremens, qui renuerſe ainſi d'vn coup de main le long trauail des ſiecles paſſés auec les eſperances de la vertu, & qui oppoſe aux miſeri‑ cordes de Dieu, des perſonnes qui ſe deburoient comme Moyſe oppoſer aux indignations de ſa Iuſ‑

ſtice. MADAME, ils penſent noircir voſtre Regence du blaſme d'auoir miſe en liberté des erreurs qui eſtoient auparauant dans les cachots, & ſe font ainſi des armes de voſtre bonté contre la ſincerité de vos intentions, & le zele de voſtre foy. Mais vous vengerez cette iniure que l'on fait à l'Egliſe, à l'Eſtat, à la reputation de vos Conſeils. C'eſt ce qu'attendent de VOSTRE MAIESTE' toutes les ames pieuſes, que vous ne permettrez pas qu'on leur oſte l'vſage des Sacremens dont ils tirent toutes leurs conſolations. C'eſt ce que vous demande la raiſon d'Eſtat que vous empeſchiez ces touſiours funeſtes nouueautés au faict de la Religion; que vous aſſeuriez par voſtre authorité la frequentation des Sacremens, qui eſt vne puiſſante bride pour arreſter la diſſolution des mœurs. Que vous fauoriſiez des vſages qui entretiennent les peuples dans le ſentiment de Dieu, dans la probité, dedans vne plus entiere obeyſſance à leur Prince : C'eſt ce que vous demande l'Egliſe, que vous protegiez ſa Doctrine, que vous impoſiez fortement le ſilence à cette enuie ridicule & ſcandaleuſe qui blaſme les vœux, la frequentation des choſes Sacrées, & tout le bien qu'elle ne faict pas; enfin c'eſt ce que vous demande le Fils de Dieu, apres tant de ſoings, tant de prodiges pour la conſeruation de voſtre perſonne, apres vous auoir donné contre toutes les esperances de la terre, ceste miraculeuse lignée qui vous met dessus le Throsne ; Ie vous demande, MADAME, pour ces interests & les vostres, que vous conseruiez l'ancienne Doctrine de son Eglise, qu'on ne ferme pas les sources de ses graces aux peuples, & qu'il ne soit pas dit dans les Pays estrangers, & dans les siecles à venir, que la Religion Chrestienne ait souffert quelque deschet sous le Gouuernement d'vne Reyne la plus obligee de toutes à la Prouidence, & tres Catholique.

Ces tres humbles Remonstrances sont faictes à vostre Maiesté par

Son tres humble, tres-obeyssant, & tres-fidel suiect, F. YVES de Paris Capucin.